Les bienfaits de l'hypnose dans le stress

Lahouria DARRAZ

Les bienfaits de l'hypnose dans le stress

© *2020 Lahouria Darraz*

Couverture : Tableau de l'artiste peintre Gabbin

Édition : BoD - Books on Demand
12/14 rond-point des Champs Élysées
75008 Paris
Imprimé par BoD – Books on Demand, Norderstedt
ISBN : 978-2-3222-4264-1
Dépôt légal : Septembre 2020

« *La sagesse c'est de connaître les autres.*
L'illumination, c'est de se connaître soi-même. »
Lao Tseu

« *Si tu es déprimé, tu vis dans le passé.*
Si tu es anxieux, tu vis dans le futur.
Si tu es en paix, tu vis dans le présent ».
Lao Tseu.

Contact mail : societe.espoir.de.vie @gmail.com

Son blog : espoirenlavie.overblog.com

Introduction

Vos paupières sont lourdes... Vous sentez que vous vous endormez... Vous sombrez dans un profond sommeil... ». C'est, en général, la première image qui nous vient quand on pense à l'hypnose.

Le réalisateur américain Woody Allen n'a pas résisté à l'attrait de l'hypnose. Il en a fait le sujet principal de son film « *Le sortilège du scorpion de Jade* », dans lequel un magicien hypnotise deux inconnus et conduit l'un d'eux à réaliser, à son insu, une série de cambriolages.

Avant lui, Georges Feydeau avait fait de l'hypnose le sujet de sa pièce : « Le Système Ribadier », une comédie en 3 actes, représentée, pour la 1ère fois, en novembre 1892. Dans cette pièce de théâtre, G. Feydeau expose la méthode d'Eugène Ribadier qui à recourt à l'hypnose pour endormir sa femme et pouvoir ainsi la tromper lors d'escapades nocturnes sans que celle-ci, très jalouse, s'en aperçoive.

Hypnose. Fiction ou réalité, l'hypnose fascine, le mot intrigue. Et pourtant l'efficacité de l'hypnose est prouvée. Bon nombre de grands praticiens l'ont utilisé au cours des siècles pour palier soit au manque de médicaments soit à une volonté d'éviter d'injecter aux patients des traitements chimiques dont les effets indésirables étaient encore peu connus ou soit, tout simplement, parce qu'elle permettait d'atteindre directement l'inconscient et avait des résultats positifs sur les maux des patients.

Entre éveil et sommeil, entre conscience et inconscience, l'état hypnotique suscite de nombreuses interrogations.

L'hypnose — le nom est issu du grec « *hypnos* » qui signifie « sommeil » — laisse perplexe, car elle est méconnue et semble peu scientifique. Pourtant, le monde médical s'y est, très tôt, intéressé.

Être hypnotisé fait craindre à la personne de perdre le contrôle de ses actes et d'être en état de dépendance par rapport à l'hypnotiseur.

Utilisée, dès le XIXème siècle, l'hypnose a été le 1er « outil » d'anesthésie des chirurgiens, l'hypnose consiste à guider et à occuper l'attention du patient, jusqu'à la saturer, sur d'autres perceptions que celles de la partie du corps opérée.

En effet, l'hypnose est de plus en plus utilisée dans le domaine médical en raison de son efficacité. C'est une alternative intéressante à d'autres pratiques médicales.

D'une sédation locale en remplacement d'anesthésie générale, jusqu'à la réduction de l'administration de la quantité d'antidouleur administrée en passant par une cicatrisation plus rapide, l'arrêt de la cigarette, le traitement de la douleur pour les grands brûlés..., les bienfaits de l'hypnose ne sont plus à prouver et cette technique est de plus en plus utilisée pour ses principes thérapeutiques.

L'hypnose permet de travailler sur l'inconscient en mettant le patient dans un état de conscience modifiée, et donc ainsi d'agir sur une partie du cerveau à laquelle nous n'avons pas accès normalement.

Grâce à ce « lâcher-prise », la personne peut se confronter plus facilement à ses problèmes et modifier ses comportements.

La plupart de nos souffrances sont liées à un refus, à une crainte ou à un désaccord entre ce qui se passe en nous et ce que l'on voudrait. L'hypnose ne transforme pas la souffrance d'un coup de baguette magique — puisqu'elle ne modifie pas la réalité — mais elle aide à résoudre bien des maux et permet au patient de vivre avec.

De ce fait, tout ce qui est de l'ordre de la sensorialité et de la perception peut être influencé par les jeux de l'attention que propose l'hypnose.

Stress, urticaire et addiction, douleurs chroniques ou aiguës (dans ce qu'elles ont de plus subjectif), anxiété (dont les ressorts se trouvent dans l'esprit lui-même) ou phobies (qui s'ancrent dans l'imaginaire), tout cela peut s'apaiser par le biais d'une pratique de l'hypnose, ou de l'auto-hypnose, qui va progressivement aider à guider l'attention du sujet.

Ce petit fascicule traite du stress.

A. Généralité sur l'hypnose

I. Principe de l'hypnose

Vous faites un trajet en voiture et ne connaissez pas le chemin. Vous parvenez néanmoins à la destination, mais vous êtes incapable d'expliquer le chemin que vous avez emprunté.

Lorsque vous êtes en état d'hypnose, vous êtes un peu comme ce conducteur qui ne se souvient pas du chemin qu'il a emprunté pour atteindre sa destination.

Autre exemple, lorsqu'un enfant est profondément absorbé par ce qu'il fait, qu'il regarde ou qu'il rêve au point qu'il faut plusieurs appels pour briser sa concentration : il est en auto-hypnose !

Être en état d'hypnose ne signifie pas être endormi. Bien au contraire, le patient est mis dans un état de veille particulier au cours duquel, bien qu'il paraisse somnolent, il est soumis à des images mentales qui envahissent sa conscience.

Donc, contrairement à ce que l'on pourrait penser, l'hypnose est un état plus proche de l'éveil que du sommeil.

Notre conscience est bien débranchée, mais notre cerveau est en hyper éveil, même en état d'hyper contrôle, ce qui permet aux patients de mettre en communication des zones du cerveau qui n'ont pas l'habitude de communiquer habituellement ensemble et d'avoir des capacités supplémentaires par rapport à l'éveil simple.

Le patient se trouve alors dans un état de « conscience modifiée » qui s'apparente au fonctionnement naturel du corps et de l'esprit.

Dans les exemples qui précèdent, cet enfant et vous-même êtes en état d'hypnose. C'est cet état que le praticien va amplifier et diriger par exemple pour permettre au patient de supporter sans douleur une intervention douloureuse.

II. Qu'est-ce que l'hypnose ?

Au départ, l'hypnose est une méthode mise au point en psychiatrie.

Le principe est de court-circuiter les processus mentaux, de manière à atteindre plus facilement l'inconscient.

L'état hypnotique correspond à un état de conscience modifiée où les choses sont perçues différemment. Cela peut aider à faire ressurgir certains problèmes ou traumatismes liés à l'enfance.

L'hypnose permet, ainsi, de contourner les mécanismes de protection mis en place par le patient.

III. Les principales techniques d'hypnose

L'hypnose thérapeutique est proposée pour soigner de nombreux maux.

Il existe deux principales écoles qui sont d'ailleurs complémentaires :

- La **première**, traditionnelle, est basée sur la suggestion. La personne face à l'hypnotiseur subit des injonctions verbales, visuelles et corporelles. Pratiquée jusqu'à Freud, cette technique part du postulat suivant : si l'on suggère à un patient de guérir, il peut guérir. Aujourd'hui encore, les hypnotiseurs de spectacle, qui s'amusent à endormir une salle entière, relèvent de cette école.

- La deuxième, **l'hypnose Ericksonienne**, sollicite la participation active du patient. Il s'agit plus d'un état de profonde relaxation, pendant lequel le patient va pouvoir s'exprimer librement. Le thérapeute utilise des métaphores — c'est-à-dire un langage symbolique — pour guider l'inconscient du sujet et l'amener à trouver lui-même les solutions à ses problèmes.

B. Qu'est-ce que le stress ?

Le mot « stress » vient du latin « *stringere* » qui signifie « *rendre raide* », « *serrer* », « *presser* ».

Il est assimilé au mot « *distress* » (Stress négatif) qui signifie « détresse », mais aussi « étroitesse » (par opposition au stress positif, eustress).

Par extension, le mot « stress » fait référence à certaines réactions émotionnelles.

Le stress désigne, à la fois :

- La cause : autrement dit la source du problème, « les pressions ou bien les contraintes de l'environnement, à l'origine du stress,

- La réaction initiale au stimulus : c'est-à-dire l'adaptation de l'organisme au stimulus « agressif ». Cette réaction étant à l'origine de l'état de stress.

- Et la ou les conséquences du stress : autrement dit ses répercussions sur la santé, c'est-à-dire l'état dans lequel on se trouve lorsque notre corps réagit.

I. Origine du stress

Le rythme de vie effréné du monde contemporain, le tumulte de la vie quotidienne, impose des exigences quotidiennes provoquant une détérioration importante de notre qualité de vie.

De ce fait, personne n'échappe à l'impact du stress

Le stress nait lorsque nous sommes confrontés à une situation désagréable qui fait naitre ne nous des émotions ou des sentiments, comme l'angoisse ou la panique.

En général, ces impressions disparaissent au fil du temps.

Mais, dans certains cas, elles peuvent perdurer plus longtemps que la normale et entrainent un état de déséquilibre mental et émotionnel pouvant aller jusqu'à la souffrance.

Dans certains cas, extrêmes, ces émotions limitantes et paralysantes en viennent même à bloquer le bon déroulement normal de notre vie quotidienne allant même jusqu'à entraver nos activités ou notre travail.

Ainsi, les effets négatifs du stress peuvent aller jusqu'à entrainer la perte de l'intégrité physique et mentale.

Il faut réagir avant qu'il ne soit trop tard.

Pour ce faire, nous devons rechercher des outils et une aide professionnelle pour apprendre à nous connaître, prendre soin de nous-mêmes et nous aimer, dans le but de continuer d'avancer et de nous épanouir.

Sachez qu'une situation stressante est en fin de compte une crise salutaire, car elle nous donne une chance d'évoluer.

D'autant plus que, face à une situation stressante, chacun réagira différemment en fonction de sa propre personnalité.

II. Définition d'une situation stressante

Une situation stressante est une situation qui affecte notre bien-être physique, psychologique ou social.

Le stress est une réaction « *réflexe* », émotionnelle et/ou physique, de l'organisme, face à un stimulus extérieur — cette situation stressante — auquel le corps va devoir s'adapter.

Ainsi, le stress est un mécanisme de réponse qui amène différentes émotions.

Selon la définition médicale, le stress provient d'une séquence complexe de situations provoquant des tensions.

Ces tensions — conséquence de la situation étouffante dans laquelle se trouve le sujet — provoquent des réactions psychosomatiques ou des troubles psychologiques

III. Les facteurs favorisant le stress

1. Les différentes sources de stress

La source du stress peut-être :
- Soit mineur : comme, par exemple, être en retard à son travail.
- Soit important : comme, par exemple, un déménagement.

Elle peut, aussi, être :
- Soit positive : comme une naissance.
- Soit négative : comme l'émergence d'un conflit.

Elle peut, encore, être :
- Soit exceptionnel : comme une intervention chirurgicale
- Soit constant : c'est par exemple le cas lorsqu'on a trop de travail.

Elle peut, enfin, être :
- Soit prévu : comme un examen.
- Soit inattendu : soit un accident.

En résumé, nous pouvons résumer les causes, sources de

stress en deux grandes catégories :

a) **Des causes mentales**

- Surcharge et insatisfaction au travail
- Maladie
- Problèmes de couple, problèmes familiaux, problèmes avec des collègues ou amis
- Examens
- Déménagements
- Incapacité à dire non
- Emploi du temps trop chargé
- Décès d'un proche
- Manque de temps pour les loisirs ou l'accomplissement de certaines tâches
- Embouteillages
- ….etc.

b) **Des causes physiques**

- les efforts physiques intenses,
- une mauvaise posture,
- le manque de sommeil,
- la faim,
- les variations de poids inhabituelles,

- ✓ les maux de tête fréquents
- ✓ la dermatite atopique
- ✓ ... etc.

IV. Physiologie du stress

1. Le bon et le mauvais stress

Il existe 2 types de stress : le stress est positif, car il déclenche, dans le corps, des réactions associées à notre système de défense et à notre tendance primitive à fuir ou à nous battre.

Un peu de stress, nous donne la hargne de nous battre et augmente notre taux de travail : il nous rend même plus efficaces.

Mais trop de stress est négatif.

2. Principe du stress

Devant une source de stress, le cerveau envoi un stimulus (autrement dit un message) aux glandes endocrines pour permettre au corps de réagir et de s'adapter à la situation.

C'est alors que l'on ressent soit une augmentation du rythme cardiaque, soit une constriction des vaisseaux sanguins, soit une montée d'adrénaline... etc.

L'intensité de la réaction corporelle dépend de la « perception » qu'à l'esprit devant le stimulus. C'est-à-dire l'idée qu'il s'en fait : est-ce grave ou jugé comme tel ?

Exemple

À l'approche d'un examen scolaire, vous pouvez être inquiet si vous n'avez pas assez travaillé.

3. Les parties du corps touchées par un excès de stress

L'excès, un stress chronique affecte directement 3 systèmes du corps :

- Le système endocrinien : qui est un ensemble de glandes et de cellules qui fabriquent des hormones et qui les libèrent dans le sang

- le système nerveux (central et périphérique) : qui est responsable de l'envoi, de la réception et du traitement des influx nerveux.
- Et le système immunitaire : qui assure la lutte ponctuelle contre les infections courantes (comme le rhume et la grippe), mais aussi les longs combats contre le cancer.

Le stress active tous les composants du cerveau et provoque une réaction en chaîne qui provoque de nombreux effets négatifs.

Au départ, une réponse neurologique se produit et active l'hypothalamus.

Cela provoque la sécrétion d'hormones et stimule l'hypophyse, qui à son tour, sécrète l'ACTH corticotropine.

La corticotropine surrénale active va déclencher la production d'adrénaline (épinéphrine) et de noradrénaline (norépinéphrine) ainsi que les corticoïdes (aldostérone) et les glucocorticoïdes (cortisol).

Cette réaction de sécrétion anormale d'hormones

affecte tous les organes du corps.

Elle a aussi une incidence directe sur le système immunitaire.

Hans Selye, endocrinologue à Montréal, a conceptualisé la réponse du corps au stress en trois étapes fondamentales
- la phase d'alarme,
- la phase de résistance
- et la phase d'épuisement.

4. Les 3 phases de stress

➢ **Phase d'alarme** : elle est responsable de certains effets positifs des stimuli stressants. À ce stade, le système nerveux sympathique est activé. Se produit une sécrétion d'adrénaline et de noradrénaline qui augmente la concentration et la capacité d'attention. Les effets immédiats peuvent inclure une pression artérielle élevée, une augmentation de la fréquence cardiaque et de la transpiration. Cette phase doit durer peu de temps.

➢ **Phase de résistance** : c'est la conséquence d'une

phase d'alarme prolongée plus longtemps qu'elle ne le devrait. À ce stade, les altérations du métabolisme commencent et les organes commencent à subir les effets négatifs de l'excitation du système nerveux, ainsi que de la sécrétion d'hormones qui en résultent.

> **Phase d'épuisement** : l'organisme est altéré par le manque de contrôle des systèmes impliqués dans la réponse au stress. À ce stade, les symptômes qui caractérisent les pathologies typiques des personnes en situation de stress commencent à apparaitre.

5. **Les effets négatifs du stress se retrouvent :**

❖ sur le système digestif
❖ sur le système respiratoire
❖ sur le système cardio-vasculaire
❖ dans les muscles et la peau
❖ au niveau du système nerveux

a) **Effets négatifs du stress sur le système digestif**

Parmi les principaux effets négatifs du stress sur ce

système, nous trouvons : les ulcères de l'estomac, le syndrome du côlon irritable, la dyspepsie fonctionnelle, la colite ulcéreuse, l'aérophagie, la gastrite.

En outre, le stress contribue à de mauvaises habitudes alimentaires tel que : manger prématurément, une mauvaise alimentation, arrêter de manger et d'autres comportements connexes.

b) Effets négatifs du stress sur le système respiratoire

Sur le système respiratoire, le stress peut agir directement ou indirectement. De façon indirecte, il peut augmenter la propension aux maladies respiratoires en raison de l'affaiblissement du système immunitaire.

Cela peut produire : hyperventilation, dyspnée, asthme psychogène et sensation d'étouffement.

c) Effets négatifs du stress sur le système cardio-vasculaire

C'est l'un des systèmes les plus affectés par le stress, et certains de ses effets peuvent avoir des conséquences fatales.

Ceux-ci comprennent : la tachycardie, l'artériosclérose, l'angine de poitrine, l'infarctus du myocarde, la tachycardie prématurée et chronique.

d) Effets négatifs du stress dans les muscles et la peau

Pour ces parties du corps, le stress peut être masqué par d'autres causes.

Il peut causer de l'acné, du psoriasis, du prurit, de l'eczéma, la dermatite, des crampes musculaires, des douleurs, de la raideur, le hoquet et l'hyporéflexie, l'alopécie, et ainsi de suite.

e) Effets négatifs du stress sur système nerveux

Les effets négatifs du stress sont si variés dans le système nerveux qu'ils nous font réfléchir sur le mode de vie que nous menons et sur ses conséquences.

Parmi les problèmes pouvant se poser, nous trouvons

l'anxiété, l'irritabilité, l'amnésie, les migraines, les addictions, la dépression, les troubles du sommeil, les blocages mentaux.

Mais aussi, les troubles de la personnalité, le développement de phobies et de peurs, les troubles de l'alimentation, entre autres.

V. La réponse du corps au stress

Nous l'avons vu, le stress apparait lorsque nous sommes soumis, durant une longue période, à une situation stressante.

Avant que des symptômes ne se produisent au niveau corporel, le corps met en marche des processus d'adaptation qui ont pour but de retrouver l'équilibre interne ou homéostasie.

En effet, le corps essaie toujours de maintenir ou de recouvrer son équilibre interne

I. En quoi consiste la réponse du corps face au stress ?

1. Qu'est-ce qu'un stimulus ?

Le stimulus est un réflexe. Une réponse de protection.

Les stimuli engendrent une suite de réaction qui témoigne l'organe de la source d'excitation (réflexe de flexion ou de retrait).

Cette fonction de protection est évidente. Ainsi, les réflexes neuro-végétatifs permettent l'adaptation immédiate de certains organes à des changements de milieu...

Le réflexe de la toux chez l'homme est aussi un phénomène réflexe empêchant les aliments de passer par la tranchée donc d'éviter l'étouffement.

Le réflexe pupillaire est une contraction non contrôlée de l'iris obturant la pupille lorsque la rétine reçoit une lumière trop vive.

Exemple

Le banal réflexe de retrait du membre antérieur lorsqu'on touche une surface brûlante suppose non seulement la contraction des muscles fléchisseurs, mais en même temps le relâchement du tonus des muscles extenseurs.

Cela nécessite l'intervention coordonnée de phénomènes d'excitation et d'inhibition ce qui s'explique par l'innervation réciproque des muscles antagonistes.

2. Etape d'une réaction réflexe

La réalisation d'un réflexe, nécessite :

- 1 La stimulation de récepteurs périphériques par des agents physiques ou chimiques, ce qui crée l'influx nerveux.

- 2 La conduction de ces influx centripètes par des fibres sensitives vers un centre nerveux.

- 3 l'intégrité du centre nerveux réflexe.

- 4 La propagation d'influx centrifuge dans les fibres motrices.
- 5 La réponse d'un organe effecteur.

Schéma : structure intervenant dans le mécanisme des réflexes médullaires

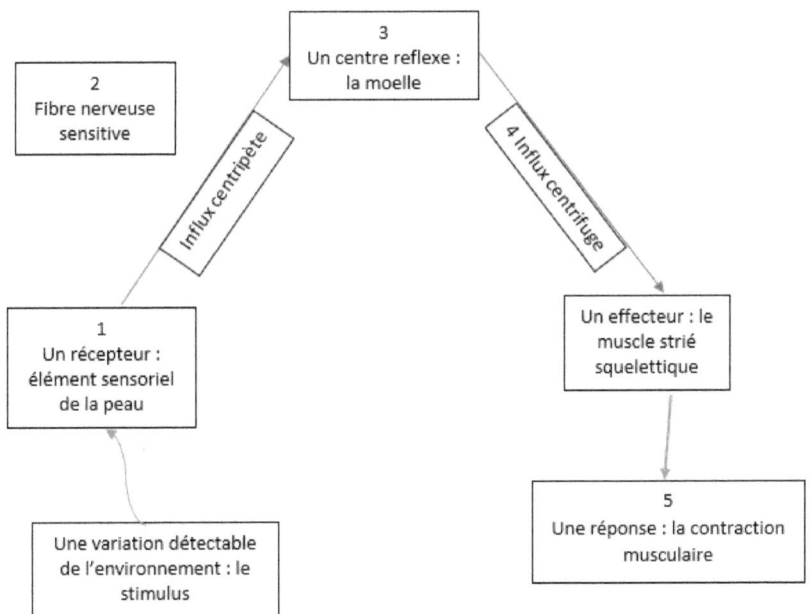

Explication

Ainsi la moelle coordonne l'activité des muscles dans le sens de l'efficacité : il y a intégration. Elle intervient dans la coordination des mouvements complexes, ceux de la marche par exemple.

Les mouvements réflexes sont donc adaptés à un but.

Conclusion

Un réflexe simple est un phénomène physiologique involontaire déclenché par la stimulation d'un récepteur qui entraine une réponse d'un effecteur et met en jeu une partie du système nerveux central.

La même excitation entraine toujours la même réponse : c'est une réaction automatique inéluctable, mais pouvant être modifié par l'intervention des centres corticaux.

3. Les réflexes émotionnels

Ils sont comme centres les couches optiques (thalamus), les corps striés et se manifestent par les mimiques de la colère, du rire, des tremblements, des larmes, de la sudation... etc.

Les influx nerveux engendrés par les divers récepteurs n'ont pas pour seul rôle d'entrainer des réponses réflexes. Ils sont relayés par la moelle épinière et le tronc cérébral vers les centres supérieurs (cortex) et un grand nombre d'entre eux aboutissent à une sensation consciente.

4. Les modifications du corps lors d'un stress

Lorsque l'organisme détecte une situation de stress, le corps met en place une série de changements physiologiques et métaboliques afin de s'y adapter.

Ces changements apparaissent, par exemple, quand nous faisons de l'exercice physique.
Ils nous permettent aussi de mieux évaluer la situation en augmentant notre vigilance, notre état d'alerte et notre

prise de décisions.

4.1. Le 1er système activé : le système nerveux autonome

Face à l'apparition du stress, le premier système qui s'active est le système nerveux autonome (SNA).

L'hypothalamus active ce système, qui intègre l'information des voies sensorielles et viscérales.

L'hypothalamus s'occupe ensuite d'activer le noyau paraventriculaire, qui active les neurones préganglionnaires de la moelle épinière.

Ces derniers activent, à leur tour, la chaîne ganglionnaire sympathique qui fait augmenter la noradrénaline dans les organes innervés.

Cette augmentation de la force de contraction et de la fréquence cardiaque provoque, entre autres, la vasodilatation des artères coronaires, l'augmentation de la fréquence respiratoire ainsi qu'une hyperglycémie.

L'activation de la chaîne ganglionnaire sympathique

active la moelle des glandes surrénales ce qui augmente la libération d'adrénaline, en plus de la noradrénaline.

Adrénaline et noradrénaline mettent en marche des structures non innervées à travers le système nerveux sympathique et renforcent également les effets produits antérieurement par la noradrénaline.

L'augmentation de libération d'adrénaline augmente le taux et de la force de contraction cardiaque, la vasodilatation musculaire et du cœur, la dilatation des voies respiratoires (qui facilite la ventilation pulmonaire).

Elle provoque la production de sueur pour permettre au corps de réguler la chaleur trop intense, stimule la glycogénolyse hépatique c'est-à-dire la production de glucose, inhibe la sécrétion d'insuline et stimule celle du glucagon dans le pancréas (hauts niveaux de glucose).

Par ailleurs, suite à l'action de la noradrénaline, les glandes salivaires (parotides) sécrètent une enzyme orale appelée « alpha-amylase » (que l'on retrouve dans certains médicaments).

Cette enzyme s'occupe de la digestion d'hydrates de carbone et se charge d'éliminer et de prévenir les bactéries de la bouche.

Lorsque l'hypothalamus active le noyau paraventriculaire, certains neurones de ce noyau libèrent la neurohormone CRF (facteur de libération d'ACTH ou corticotrophine) vers le système qui connecte l'hypothalamus à l'adénohypophyse, en stimulant la libération de l'hormone ACTH dans le flux sanguin ce qui active la formation de glucocorticoïdes comme le cortisol, hormone stéroïdienne qui intervient dans le métabolisme des hydrates de carbone, des protéines et des graisses. Elle stimule la synthèse de glucose et provoque aussi la réduction modérée de la consommation de ce dernier en élevant la glycémie.

Les glucocorticoïdes, comme le cortisol, rétro-alimentent négativement l'hypophyse et l'hypothalamus. Ils régulent respectivement la concentration d'ACTH et de CRF. Ces hormones agissent aussi sur le système immunitaire et sur l'hippocampe.

Cet axe présente des rythmes de sécrétion circadiens liés aux périodes veille-sommeil dans des conditions habituelles. Le matin, les concentrations de cortisol sont à leur maximum et, la nuit, elles atteignent leur niveau minimal.

Par conséquent, quand le corps répond au stress, l'hypothalamus projette cette réponse au système nerveux sympathique. Cela provoque une activation sympathique qui entraine des réponses au niveau du corps tel que : l'hyperglycémie, l'augmentation de la fréquence de respiration, l'augmentation de la fréquence cardiaque et de la pression artérielle, une vasoconstriction périphérique et une vasodilatation musculaire et, finalement, une augmentation du niveau d'alerte et de la capacité de réaction grâce à une augmentation de la force de contraction musculaire.

On observe également une dilatation pupillaire.

La réponse au stress se définit donc avec la mise en marche de nombreux processus.

À travers ces derniers, le corps essaie de maintenir un équilibre pour contrecarrer les effets indésirables du stress.

5. Les douleurs liées au stress

La douleur est un ressenti accompagné d'une manifestation physique.

Une douleur quelle qu'elle soit peut-être liée à un état émotionnel : le corps s'exprime sur ce qui ne va pas.

En fonction de la partie du corps sur laquelle la douleur va s'exprimer, cela aura une signification différente.

VI. Les stratégies pour gérer une situation stressante

Il y a différentes façons d'aborder une situation stressante.

Mais une fois que nous acceptons de l'affronter, nous améliorons notre bien-être et, par conséquent, notre qualité de vie s'améliore.

1. La gestion du stress par une communication assertive

Une communication est assertive lorsque nous sommes conscients du message que nous souhaitons transmettre et que nous gérons nos émotions et nos pensées pour que, au moment de les exprimer, elles parviennent aux autres le plus efficacement possible.

Ce type de communication prend en compte l'expression orale et écrite, mais également le langage corporel.

La communication peut nous aider à gérer une situation stressante parce que, lorsque nous transmettons un message de façon appropriée, nous évitons l'apparition d'une tension liée au fait de ne pas exprimer ce que nous pensons.

2. La gestion du stress par une bonne gestion émotionnelle

Une bonne gestion émotionnelle est un point essentiel pour affronter une situation stressante.

Il s'agit de savoir identifier le moment approprié pour exprimer nos émotions tout en sachant comment s'y prendre pour le faire.

Par exemple, au travail, vous ressentez une émotion

forte suite à un propos ou à une attitude. Vous avez alors envie de flanquer par terre, d'un revers de la main, tous les documents qui se trouvent sur votre bureau.

Apprendre à gérer vos émotions, vous éviteras de le faire et vous permettra de vous maitriser.

3. La gestion du stress grâce à la résilience

La résilience consiste à aller de l'avant face à l'adversité et à continuer d'avancer. Autrement dit, il s'agit de dépasser vos émotions du moment pour faire de cette période de stress une force qui décuplera vos capacités.

4. La gestion du stress en apprenant à rester dans le moment présent

À la suite d'une émotion, nous ressassons et repassons, en boucle, dans notre tête, ce qui s'est passé.

Nous envisageons même ce qui aurait pu se passer si l'on n'avait pas réagi de cette façon-là.

Ce faisant, nous accordons une trop grande importance au passé et nous alimentons des émotions comme la honte, la tristesse et la culpabilité.

Ces émotions peuvent conditionner notre humeur et créer de l'anxiété.

Il en est de même lorsque nous projetons inlassablement notre vie dans le futur.

En vivant ainsi dans le futur, nous alimentons notre anxiété ce qui a pour conséquence d'alimenter notre sensation de mal-être.

Le secret du bien être consiste donc à cultiver le moment présent,

C. L'hypnose pour calmer le stress et l'anxiété

L'hypnose permet de se reconnecter avec son inconscient et de mettre ses émotions à distance.

L'hypnose est ainsi une solution efficace pour stabiliser un état affectif.

Le stress est lié à un état émotionnel exacerbé qui cause des désagréments dans la vie des personnes concernées les empêchant de faire face à la vie de tous les jours et à leur travail quotidien.

Remarquons que, face à une même situation identique, deux personnes vont réagir différemment.

Leurs réactions vont dépendre de deux facteurs :

- **Le mode d'interprétation de l'individu** concerné : ainsi une des personnes va ressentir de la peur là ou une autre ressentira de la tristesse, par exemple.

- Le **taux de réaction affective** qui varie selon la sensibilité de l'individu. Ainsi, certaines personnes ont tendance à amplifier leur émotion devant des faits que d'autres jugeront banals.

I. Comment gérer ses émotions grâce à l'hypnothérapie ?

1. L'hypnose permet de remodeler le subconscient de la personne trop émotive

L'hypnose permet de gérer les émotions en permettant de remodeler le subconscient de la personne souffrant d'hypersensibilité et de la faire réagir uniquement en cas de besoin.

Dans ce cas, l'hypnose est bien plus efficace que les techniques de sophrologie.

L'hypnose peut également cibler des émotions précises comme la peur ou la colère.

Chaque individu peut ainsi travailler sur ses défauts de personnalité et ainsi améliorer sa condition de vie.

Cela lui permettra de se libérer et de dépasser ces contraintes du moment.

Il y a des milliers de situations stressantes. Celles-ci affectent notre bien-être.

Il est donc important de prendre en compte les stratégies qui peuvent nous aider à ne plus souffrir.

En effet, il faut comprendre que les émotions négatives font partie du chemin vers la révélation. Les ressentir ne fait pas de mal puisqu'elles nous permettent de grandir et d'aller mieux en retrouvant notre paix intérieure. Alors que les refouler ou les ignorer est source de souffrance permanente.

Conclusion

L'hypnose peut pallier à de nombreux maux et les résoudre sans avoir recours à des procédés chimiques traditionnels. Les domaines d'efficacité de l'hypnose sont de plus en plus larges. Cette thérapie offre de multiples possibilités pour soigner et guérir de plus en plus de maux.

En ce sens, elle se pose en une alternative efficace à la médecine traditionnelle dans de nombreuses occasions.

De nos jours, l'hypnose a gagné ses lettres de noblesse. En effet, les patients n'hésitent plus à aller consulter un hypnothérapeute tout de suite après avoir consulté un médecin.

L'hypnose entre ainsi dans le parcours des soins au même titre que d'autres thérapies.

Les techniques avancées de l'imagerie médicale permettent de découvrir et de prouver que l'hypnose est une thérapie à part entière. Les fonctions d'applications sont de plus en plus repoussées à mesure que la recherche sur l'hypnose avance en connaissance.

Gageons que les nouvelles techniques d'exploration cérébrale renforceront le recours à l'hypnose, non seulement comme méthode thérapeutique, mais aussi en tant qu'outil de recherche pour préciser les mécanismes de la nociception et explorer les états modifiés de conscience.

Table des matières

Introduction 7

Chapitre 1 — Généralité sur l'hypnose 11

Chapitre 2 — Qu'est-ce que le stress ? 15

**Chapitre 3 — L'hypnose pour calmer
               le stress et l'anxiété** 42

Conclusion 45